<u>Stolpersteine</u>

Auszüge aus dem unter gleichen Titel im Jahr 1980
im Selbstverlag herausgegebenen Buch

<u>Fenster</u>

Auszüge aus dem unter gleichen Titel im Jahr 1981
im Selbstverlag herausgegebenen Buch

für Gabi

Danke für deine noch immer treue Begleitung !

für Kathrein

Mir fielen deine Grafiken wieder in die Hände und ich wusste,
sie mussten noch einmal wieder gedruckt werden.
Auch wenn du dieses Buch nicht mehr erlebst –
Danke !

für Renate Kiefer

Die noch immer so schönen Grafiken für die Titelseiten
meiner Büchlein von damals,
auch sie müssen noch einmal sichtbar werden ! –
Danke !

– Folke Wolff –
– Kerstin Folke Wolff –
Kerstin F. Wolff

Stolpersteine

&

Fenster

Bibliografische Information der Deutschen Nationalbibliothek:
Die Deutsche Nationalbibliothek verzeichnet diese Publikation in der Deut-
schen Nationalbibliografie; detaillierte bibliografische Daten sind im Internet
über http://dnb.dnb.de abrufbar.

Illustration der Titelseite/Titelseiten Renate Kiefer
Umschlag-Layout durch eine sehr nette junge kompetente Frau

Grafiken im Innenteil von Lisl-Kathrein Lüddecke, geb. Wolff (1949-2016)

Kontakt:
autorin.kerstin.f.wolff@t-online.de

Die Autorin im Internet:
www.kerstin-f-wolff.jimdo.com

Von der Autorin auch erhältlich:
Mein Kartenhaus, BoD 2016, ISBN 9 783741 275104
Mein Weg zum wirklichen Ich, BoD 2016, ISBN 9 783741 279997

Herstellung und Verlag: BoD – Books on Demand, Norderstedt

ISBN: 9 783744 854382

&

Während meiner Studienzeit entstanden diese zwei kleinen Bücher im Selbstverlag.

Das ist zugegebener Maßen schon eine gefühlte Ewigkeit her, doch noch immer haben die aus den Büchern ausgewählten Texte ihre eigene Aktualität.

Und deshalb dürfen diese Texte noch einmal als neues kleines Buch erscheinen.

STOLPERSTEINE

Lyrik
Folke Wolff

gewitterwolken

eine erwartungsvolle spannung hing an diesem schwülen hochsommertag in der luft. sie lag still und quälend über dem rastlos dahinströmenden fluss und den saftig-grünen wäldern. an diesem nachmittag war alles von einer bedrückenden leere gezeichnet, die nur ab und zu von einem schwarm auf uns ab tanzender mücken unterbrochen wurde.

er meinte, die vom heißen teer ausgestrahlte wärme durch die sohlen seiner schuhe ungedämmt zu verspüren. doch obwohl die schwüle stärker auf ihm, als auf der natur lastete, bahnte er sich seinen weg und kämpfte sich schritt für schritt schwerfällig vorwärts.

inzwischen zogen am horizont langsam dunkle wolken auf. die luft schien jeden moment bersten zu wollen, um sich ihrer last endlich entledigen zu können.

er hatte mühevoll sein ziel erreicht und starrte hinab. sein atem ging schwer und brach stoßweise aus der brust hervor. die hände zitterten, die kehle war ausgedorrt und sooft er versuchte, seine gedanken zu ordnen, begannen sie sich zu drehen, immer schneller - immer schneller. er mußte die hände schützend vor die augen halten, um nicht von diesem drehen niedergeworfen zu werden. wo vor kurzer zeit noch die unermüdlichen mücken schwirrten, breitete sich jetzt auch die tiefe, alles erfüllende einsamkeit aus.

er dachte an Karin. sie stand in überlebensgröße vor ihm und wiederholte jedes wort noch einmal. jedes einzelne davon durchzog ihn ihn langsam und verursachte große schmerzen. er fühlte sich verlassen mit seiner last und blickte noch einmal hinab.

der gewaltige donner, der auf das verzweifelte aufflackern folgte, erschütterte die welt. doch er war noch nicht in der ferne verklungen, als große, schnell aufeinander folgende tropfen auf den asphalt fielen. um dann, sobald sie den boden berührten, zu verdampfen und den unverkennbaren geruch von durch wasser gebundenen staub zu hinterlassen.

schon nach kurzer zeit waren seine haare nass und trieften. auch sein leichtes hemd war feucht und klebte an der bebenden brust. aber die ihn durchziehenden schmerzen ebbten mit zunehmender regenflut ab. seine hände krallten sich an das geländer, während er noch immer hinabstarrte. langsam begann sich die welt wieder im kreis zu bewegen, gewann an geschwindigkeit und wurde jäh gestoppt.

ein schmaler sonnenstrahl hatte es gewagt, die drohende wolkenwand zu durchbrechen. wie von einem bann erlöst, brach nun die wand stück für stück auseinander. nachdem auch die ersten mücken wieder zu tanzen begannen, erwachte die natur wieder in ihrer ganzen fülle. aus dem langgestreckten tal ertönten die stimmen der vögel, die ihrer erlösung lautstark ausdruck verliehen.

eine leichte brise zog das tal hinauf und spielte sanft mit seinem haar.

philosoph

im großstadtmeer die menschenflut
kein teil davon - unbeugsam, er !

viele tausend augen
starren ihn an,
wenn langsam sie vorüberzieh'n.

nur ein etwas,
nicht erwünscht.
verachtung liegt in ihrem blick.

als ob er der außenseiter
und der vom glück verlassene wär' !

alter mann,
mit zittriger hand
hältst du das heft,
willst deinen glauben
ihnen kundtun.

du rufst den leuten nach,
aber über deine lippen
kommt kein wort,
du schreist uns an.
uns, die wir die straßen
mit endloser anonymität
bersten lassen.

deine müden augen
flehen uns an.
doch wir haben
ja genug kraft,
alles abgleiten zu lassen.

und wenn wir dann
weit genug entfernt sind:
ein kurzer blick
über die schulter zurück.
aber es ist ja
ausreichend distanz
zwischen das menschliche
gebracht!

was willst du -
diesen menschen bringen ?
du,
dessen zukunft
fast nur heute ist!

im kamin
rotglühendes scheit
birkenholzig.
luftzügig knisternd
wohlige wärme
ausstrahlend.

weit entfernt
rotglühender ast
napalmig.
luftzügig knisternd
... wärme
ausstrahlend.

gestern
sagtet ihr mir:
thunfisch enthält zuviel
- schwermetalle.
nun gut,
ich werde ihn nicht mehr essen.

heute sagt ihr mir:
muscheln enthalten zuviel
- blei.
nun gut,
ich werde sie nicht mehr essen.

morgen
...

<u>technischer fortschritt</u>

im zuge der fortschreitenden nutzung
der atomenergie ist es gelungen,
ein reaktorgetriebenes krematorium
für die strahlungstoten
zu realisieren !

lebenslauf

... getauft im namen des vaters,
des sohnes und des heiligen geistes -
... arbeit war sein leben.

als wir das erste mal zusammentrafen,
hatte ich einen menschen erwartet.

meine verständnis suchenden worte
prallten gegen das monument
und kamen deformiert zurück.

als wir das zweite mal zusammentrafen,
hatte ich nichts mehr erwartet.

meine verständnis suchenden worte
prallten jedoch nicht gegen das monument
und kamen auch nicht deformiert zurück.

ich hielt sie tief in mir verborgen.

in diesem moment
bin ich mittelpunkt der welt !

jedoch genauso vergänglich
wie die fliege an der wand
wie die liebe zwischen uns
wie dieser blaue planet und
wie die sonne

vor der flut

behutsam und sacht
schrieb ich deinen namen
mit sauberen lettern
in den weißen sand

schaut ihn euch an,
so stark und schön,
jede situation versteht er zu meistern !

nur jetzt -
gerade einmal -
ganz zufällig ?

ist er auf die schnauze gefallen -

fressen und gefressen werden

ein warnendes
erschreckendes rufen

der raubvogel
ließ von seiner
eben erst geborenen
beute ab

in höchster not
war ich der retter

und doch
hatte der verscheuchte
ein anrecht

<u>tod / leben</u>

1) vor den wind gestreut -
   asche
   sanfte blüten wachsen
   aus der asche
   wachsen und blühen für dich

2) die wurzeln der pflanzen
   durchdringen und umschließen
   das leblose fleisch
   ihre nahrung
   mich

genesis

„das stück erde war noch öde wüste
und gott schied das licht von der finsternis

und die erde ließ frisches grün sprossen"
- über Hiroschima

vorsorge

ganz einfach so
hatte er die kontrolle verloren
- dann war nichts mehr

die trümmer klebten am schild
„sicht weg - gas weg"

kein baum weit und breit
nur dieses schild

meditatio

ich atme die
musikdurchsetzte luft
sie stürzt in mich hinein
und verebbt
in der endlosweite

der transzendente ton
schmerzt
er bringt mich zurück
und im versinken
ahne ich
-mich-

man muss es halt übersehen können

er streichelte sanft
die frau seiner träume

in den poren seiner haut
saßen noch die reste
des acht-stunden-tages

<u>(ewiges) ich</u>

mutter & vater
materie & glaube

geboren unter einer bedingung:
- vergehen -

vergehen zu
materie & glaube

und im alter ein hörgerät

bass drums & orgel
zerfetzen
fast das trommelfell

aber es war dann wenigstens
keine
blechstanze
kein
schiffsdiesel oder
presslufthammer

Costermano
(ein deutscher Soldatenfriedhof in Italien)

landschaftlich schön gelegen
nur eine kleine kaum befahrene straße
umgeben von reben deren trauben schon
die wohlschmeckenden weine in sich tragen
ein souvenierladen am parkplatz

im geist stehe ich am anfang einer reihe
zweiundzwanzigtausend meter lang

und bei jedem meter den ich zurücklege
bricht ein mensch zusammen
von einer kugel getroffen
von einer granate zerfetzt
von
...

aber eigentlich kann ich es mir
gar nicht vorstellen
- 22.000 menschen -
ich spüre nur das leise frösteln
beim anblick der kleinen
schlichten metallplatten

- 2 -

auf jeder platte vorname & nachname
(manchmal auch nur: ein deutscher soldat)
dazu je zwei daten & der dienstgrad
alles in sauberen lettern

reihe für reihe
eine platte
vorname & nachname &
¥ & †

- R -

R
RA
RAD
RADI
RADIU
RADIUM
- BUMM -
AUS

gebete

ich bin klein
mein gen ist dein
soll's niemand verändern
als plutonium allein

lieber brüter mach mich fromm
dass ich in den himmel komm

prolog für freunde

ich habe
zweifel am
zweifeln an
meinem vorhaben
danach zweifel
am zweifeln
an den zweifeln
- es ist zum
verzweifeln !

ich

ich bin ich
aber manchmal
bist du ich
wenn die gedanken
an dich
überall
in mir sind

sie haben aber schöne
venen
sagte sie und
stach die nadel hinein

<u>lösung</u>

die auseinandersetzung
zwischen den supermächten
eskalierte
bis hin zur lächerlichkeit -

man bewarf sich mit
pilzen

luftangriff

- grauer traum in der nacht -

als die sirenen entwarnung heulen
liegen
die träume der songwriter
die geschichten der autoren
& die handmade pipes
in den trümmern des kellerzimmers
& betten mich ein

liebe ('76) II

ergießend aus der tiefen nacht
sanfte melodie der endlosen ruhe
leise flüsternd webst du dein netz
und schützt die junge liebe

der weiche hauch des warmen atems
umspült meine glühenden adern
und hält mich fest bei dir

gleitend über zarte haut
verschmelzen unsere ichs

schützend webt die sanfte melodie

autobahn

mit 120 km/h
unter der brücke hindurch

für einen moment
verband uns das winken

<u>gutgemeinter ratschlag</u>

ein bart
benötigt aber viel pflege
meinte die friseuse

& strich sich mit einer hand
die leicht überfetteten haare
aus der stirn

mit der zeit
wurde er hässlicher

nicht im gesicht

sondern zu ihr

die nachricht

der	redakteur	brachte	die	nachricht
der	redaktör	brachte	die	nachricht
der	redaktor	brachte	die	nachricht
der	reaktor	machte	die	nachricht

worte ('76) II

worte
kritisierend
worte
scharf erwidernd

wort auf wort
böse blicke
lautstark entladene wut

sauer
eingeschnappt
keine worte mehr

doch die stille und das wandern
der gedanken
nehmen langsam zorn und ärger

was

weiß

ich

denn

schon

?

fenster -

freier blick in mein zimmer
meine welt
mich

durch das fenster
dessen gardine
an die seite geschoben
nichts verbirgt - verbergen will

die
gläserne wand
lässt mein leben hinaus
lässt teilhaben an mir
meinen geheimnissen & alltäglichkeiten

spürbar die wärme & vertrautheit
das fremde & unverstandene

aber
schaut doch auch mal vorbei & herein
ich wohne
block c, 5ter stock, 3tes fenster von rechts

- front

Stevie Wonder on a saturday evening

fieberndes erfahren
mein kopf steckt mitten im verstärker
arme und beine in den drums

neue welt, die ich erlebe

weiter, weiter,
flutend auf dem rhythmus
du musst,
musst einfach weiter -
rastlos
noch ist ein ende nicht in sicht

in der unendlichkeit,
ganz nah bei dir,
kommst du zu atem

diese minuten

diese minuten, in denen ich
glück verspürte
gingen im fluge vorbei.

diese minuten, in denen ich
melancholie verspürte,
gingen so langsam vorbei,
dass ich zu schreiben anfing,
um mit jedem befreienden wort
wieder etwas glück zu empfinden.

röntgen-aufnahme

zum schutz meiner
chromosomen und gene
gegen die strahlen
erhielt ich ein metallschälchen

ob die sowjets und amerikaner
auch welche verteilen würden ?

kriminell

sechs jugendliche, schüler im alter von ungefähr fünfzehn jahren. drei mädchen, drei jungen. drei waren schuldig, drei wussten nur, dass es sich um aschenbecher handelte.

wir gingen auf die kneipe zu, die von außen nur durch die bierreklame und einen geistreichen namen als solche zu erkennen war.

barackengleich sah es auch innen aus. an den tischen saßen wohl ein paar ewig-durstige, denn es war sonntag, ungefähr dreizehn uhr, also eine zeit, zu der normale menschen ihre mittagsmahlzeit einnehmen. außer eben ein paar nicht-normalen, die sich entschuldigen wollen.

und da standen wir nun, die drei mädchen, die versuchten, eine entschuldigung über die lippen zu bringen, und wir. viel ahnung hatten wir allerdings nicht, wussten nur, dass es druck von ihrem klassenlehrer gegeben hatte. und da wir alle uns ganz gut verstanden, waren auch wir mit hier und versuchten, die recht peinliche situation gemeinsam zu meistern, bzw. zu überstehen.

ein landschulheim war doch etwas schönes! da konnte man noch etwas erleben! das war anders als immer nur doofe schule!

'einsperren sollte man die', hörte ich einen der ewig-tagenden biertischpräsidenten sagen. das machte die sache für uns nicht leichter. es war eigentlich auch ohne solche unqualifizierte äußerungen schon schwer genug, ein geradestehen für seine am vorabend begangene tat zu versuchen.

aber er sagte, 'einsperren sollte man die', und seine stimme hatte eine entschlossenheit in sich, die mir heute noch, sobald ich mich an diese geschichte erinnere, einige andere äußerungen ins gedächtnis ruft, als wären sie aus seinem mund.

- an die wand stellen -
- früher, ja früher hätte es sowas nicht gegeben -

und wenn er dann vom saufen nach hause kommt, seine frau vergeblich versucht hatte, das essen warm zu halten, eine versteckte sorge und auch traurige gewissheit mal wieder geschickt verbergend, dann bin ich froh, nicht als sein kind seinem ausgeprägten gerechtigkeitssinn ausgeliefert zu sein.

noch ist zeit

mal zu schnell
mal zu langsam

doch immer
irgendwie der zeit hinterher

gleicher takt
gleichschalten
- gleich ist nichts
& niemals

mein wecker hat den kampf aufgegeben
ein stummer zeuge im regal

erhaben über raum
& zeit
& mich -- & ich ?

ihr ('76) II

gestern gegangen
heute wieder da
denn
in meinem geist lebt ihr noch

die erinnerung zeigt ein stück des weges
den wir gemeinsam gingen
sie lässt mich das vergangene
nochmals erleben

leben - lange ist das her
und ich frage mich
ob ich nicht morgen schon
bei euch sein werde

um dann einmal
wie ihr
- verwischtes bild -
in irgendeiner erinnerung
ein wenig zu verweilen

<u>versuch über einen kleinen tropfen, dich & mich</u>

aus der begrenztheit des
unendlichen himmels
fällt ein kleiner tropfen
- pitschnass träumt er davon
die welt in brand zu setzen

aus der unendlichkeit
deiner liebe
rinnt eine kleine träne
über deine wange & träumt
mich in brand zu setzen

zerbrechlich

missverständlich
ihre weiche hand
die vielleicht sagte
ich mag dich
missverständlich
ihre weiche hand
die vielleicht sagte
warte auf mich

hoffnungen sind
zerbrechlich

diskothek VI

ich sehe die da tanzen
fühle mit ihnen den wahnsinn
in den ohren

mechanisch die flasche
zum festhalten
an den mund führen
die zigarette
mit den lippen liebkosen

& auch heute ist für mich die
kommunikation mit der silbernen
kugel doch nur ein teuer erkaufter
kitzel
ein hauch leben
der seifenblase ist

mag sein, dass ich krank bin
weil mir die vielen menschen hier
nichts geben

mag sein, dass ich verliebt bin

<u>S.</u>

- noch nicht einmal ein jahr ! -

du lachst
sonnenüberstrahlt
ist dein gesicht ein einziges lachen

du weißt ja noch nicht ...
- lachst !
oder lachst du über uns
weil du ahnst
was wir nicht ahnen
& wissen ?

meine hand möchte ich
schützend
über dein lachen halten

doch meine hand ist zu klein
zu klein für dein lachen

teestube eröffnet

wir betraten das speiselokal.
mit einem kurzen, schnellen blick versuchte ich die noch frei-
en tische zu erfassen, gegeneinander abzuwägen. und natürlich al-
les nicht normale, eine gruppe allzu lauter gäste oder ähnliches, in
eine weit entfernte ecke zu drängen.

doch er ließ sich nicht in irgendeine ecke drängen. zwar stand
er momentan noch an einem der anderen tische, unterhielt sich,
doch er würde kommen. das wusste ich genau. es würde nicht
lange dauern, dann stünde er vor uns, durch den tisch auf ein we-
nig distanz gehalten.

eine saubere uniform würde sich vor uns aufbauen, würde
ganz sicher die aversion gegen uniformen bei mir hervorrufen. er
würde in seiner sauberen uniform vor uns aufgebaut stehen und
würde auf die am tisch sitzenden herabschauen. auf uns, die läs-
sig gekleidet Metaxa oder wein genießen, herabschauen.

er stand jetzt am nebentisch, doch ich erkannte aus den gesten
der am tisch sitzenden, dass er vergebens fragte.

gleich würde sich die uniform, vor unserem tisch aufgebaut,
etwas vornüberlehnen, der mensch in der uniform würde seinen
arm ausstrecken, ein paar worte sagen. worte, deren es eigentlich
nicht bedurfte. doch er musste sie sagen, musste vielleicht schwe-
ren herzens, trotz der uniform das sagen, was die sammelbüchse
in der hand des etwas vorgestreckten armes eigentlich schon lan-

ge gesagt hatte. doch er sagte die worte nicht trotz der uniform, sondern gerade weil er sie trug.

und die bittenden worte, ja auch die uniform ließen ihn stolz sein.

er bedankte sich für das geldstück und gab uns ein heft als kleines dankeschön, als ideellen gegenwert, eventuell auch als rechtfertigung. oder als entschuldigung? - wohl kaum. ich hielt das heft in den händen und begann, darin zu lesen. doch in meinen gedanken war ich immer noch bei seinem stolz.

nein, hier war nichts von dem zu spüren, was manche möglicherweise stolz nennen, was aber nur ein gefühl von macht ist, der macht einer uniform, die für waffengewalt steht.
aber für was für eine macht (oder etwa ohnmacht?) stand seine uniform?
die der menschlichkeit, selbstlosigkeit, dankbarkeit, hilfsbereitschaft?
„teestube eröffnet" war auf der titelseite des heftes ein bericht angekündigt.
in .... hatte die ohnmacht der uniformen dieser stolzen menschen eine teestube eröffnen helfen.

briefe

immer dann wenn
ich meine
briefe zugeklebt habe
wenn
meine
briefe in den gelben kasten fallen
wenn
meine
briefe an dich unterwegs sind

bin ich sicher
genau das falsche
geschrieben zu haben
bin ich sicher
auch das falsche noch falsch
gesagt zu haben

& doch
bin ich sicher
das richtige
- tausend gedanken -
gesagt haben zu wollen

lachen

ich lache über manche
doofe autofahrer
(inklusive mich)
ich lache über die briefe
die du mir immer noch
oder trotzdem schreibst
ich lache über die menschen
die strahlen
die über's ganze gesicht strahlen
ich lache weil ich glücklich bin
noch mensch zu sein
ich lache weil ich noch
meine träume träume
ich freue mich
weil das leben - noch -
nicht sinnlos scheint
ich bin glücklich
weil ich menschen
auf der straße lachen sehe

<u>nachts</u>
<u>im kerzenbeleuchteten zimmer</u>

die sehnsucht
weinen zu können

weinen zu können
um mit den tränen
sich selber
befreien zu können

doch die tränen
dringen nicht nach außen
sie fressen innen
weiter

Bettina

ich konnte einfach nicht verstehen, dass ein mensch so lange frei-
willig hungert, bis magen und darm nicht mehr fähig sind, über-
haupt noch nahrung aufzunehmen. und wirklich verstehen kann
ich es eigentlich heute immer noch nicht.

   ich schloss die wagentüren ab und wir gingen in richtung ein-
gangsportal. wir gingen nicht auf dem etwas ungepflegten schot-
terweg, sondern geradewegs quer über den hartgefrorenen rasen.
die anbrechende nacht gab uns schutz.

   wir waren recht guter laune, jedenfalls insoweit, als man in ei-
nem solchen gebäude überhaupt guter laune sein konnte. mein
freund und ich wollten sie für ein paar stunden hier herausholen.
wenigstens für ein paar stunden -. das berechtigte ja auch wirk-
lich zu einem guten gefühl.
   nicht, dass sie nicht auch ohne uns ausgang bekommen hätten.
so war es nicht, aber wir beide wollten sie herausholen.
   ich war schon einmal hier, einige tage zuvor hatten mein
freund und ich uns schon einmal durch die end- und leblos schei-
nenden flure gekämpft. einige tage zuvor hatten wir schon einmal
versucht, das laut durch die gänge hallende geräusch eines jeden
schrittes auf den kalten steinen zu vermeiden. jede berührung mit
diesem toten gebäude zu umgehen, doch das schafften wir natür-
lich wieder nicht.

   einige tage zuvor hatten wir ihr zum geburtstag gratuliert -

wir betraten die 'abteilung' durch die weit offen stehenden flügeltüren. ein kurzer blickkontakt mit der schwester hinter der scheibe genügte, sie wusste bescheid. mein freund kannte sich schon aus. wir betraten das zimmer der zwei mädchen.

während sie unsere kleinen aufmerksamkeiten auspackte, saßen wir wohl etwas verlegen auf einem der weiß bezogenen und weiß lackierten stahlrohrbetten.

ich kannte sie noch nicht so gut, hatte ich sie doch erst kürzlich über meine ehemalige freundin und meinen freund kennengelernt. ich versuchte, sie zu erfassen, sie wahrzunehmen. etwas unsicher, etwa so, wie alle, die im abtasten mit den augen, im bewusstmachen des gegenübers nicht allzuviel erfahrung haben. etwa so, als ob sämtliche augen auf mich gerichtet wären, nur um zu erfahren, welche einzelheit ich jetzt gerade entdeckt hätte.
    ich fand, dass ihre haare nicht sehr vorteilhaft geschnitten waren. die frisur mit den blonden haaren passte nicht zu dem schmalen gesicht, das spuren besserer zeiten aufwies. sie war nicht zu groß, nicht zu klein. ihre jeans hatte sicherlich auch schon enger gesessen.
    aber sie war eines jener mädchen, die dich, wenn sie neben dir gehen, mindestens zehn zentimeter wachsen lassen. sie war eines jener mädchen, die man sieht, nicht übersehen kann.

ein cassettenrecorder, wenige bücher, blumen, das übliche. so sah es in dem zimmer aus, als wir ihr zum geburtstag gratulierten. und so sah es natürlich auch aus, als wir die mädchen abholten.

wir holten sie ab und ließen das zimmer mit dem cassettenrecorder, den wenigen büchern und den blumen, die 'abteilung', die hallenden flure und gänge, das ganze, irgendwie tote gebäude hinter uns zurück.

wir ließen den rasen mit den undeutlichen abdrücken im schnee zurück. wir ließen so viel, aber doch so wenig zurück.

es war samstag abend. meine eltern hatten mir ihren wagen zur verfügung gestellt. die jungen mädchen hatten ausgang bekommen.

ich war mit meinen 18 1/2 jahren noch nicht so kneipen- und diskothekenerfahren wie die anderen, deshalb hatten sie schon geplant, ich fuhr nach ihren anweisungen.

ich war froh, dass ich mit dem wagen und dem ganzen verkehr noch reichlich zu tun hatte. denn die stimmung war nicht so, wie man es eigentlich erwarten würde, wenn vier junge leute einen gemeinsamen abend vor sich haben.

mein freund und ich wussten, dass sie irgendwo genauso normal waren wie wir auch. sie hatten probleme - wir hatten probleme. vielleicht waren wir beide nur bessere schauspieler, vielleicht konnten wir unsere probleme leichter, besser verdrängen? doch ich meinte zu fühlen, dass sie trotzdem aus einer anderen welt kämen. es gab irgendetwas, das uns trennte, einen tiefen graben, eine barriere. ich wusste nicht, ob das abstandhalten von ihrer seite kam, von unserer seite kam, ob es überhaupt existierte.

doch was wirklich existierte, war die angst, etwas falsches sagen zu können. ich bin sicher, keiner wusste, was das falsche überhaupt war, doch jedes wort, jeder tonfall wurde zehnmal überdacht, von tausend seiten beleuchtet. bloß nichts falsches sagen, immer schön um das fettnäpfchen herum balancieren. ein fettnäpfchen, das es möglicherweise gar nicht gab.

wir saßen an dem ungemütlichen tisch, auf den ungemütlichen stühlen, tranken, rauchten, erzählten wenig.

der versuch, etwas zu erzählen scheiterte nahezu, denn die musik war dafür einfach zu laut.

ich hatte mitleid, irgendwie konnte ich das alles nicht verstehen. aber ich ahnte, was in ihr, in ihnen allen vorgegangen war, jetzt noch vorging.

beim tanzen brauchte man nicht zu reden, nicht die begriffe therapie, therapeut, etc. aus der deutschen sprache hinauszulügen. man brauchte nicht angst davor zu haben, dass das wort 'damals' tiefe wunden aufreißen könnte. beim tanzen brauchte man nicht zu reden. das bewegen zur musik war nicht missverständlich.

einmal noch trafen wir vier uns dann wieder. mein freund, meine ehemalige feste freundin, Bettina und ich.

wir waren fröhlich, mein freund hatte gute musik. damals standen wir noch auf apfelkorn.

es war ganz anders als an dem abend in der diskothek.

ich hatte keine angst, etwas falsches sagen zu können. ich hatte nur das gefühl, im grunde genommen nichts zu verstehen.

ich konnte und kann auch heute noch nicht begreifen, dass ein mädchen, nur weil ihr freund sagt, sie sei zu dick, hungert.

so lange freiwillig hungert, bis magen und darm nicht mehr fähig sind, nahrung überhaupt noch aufzunehmen.

ich konnte nicht fassen, dass dieses so gut aussehende, nette und vor allem intelligent scheinende mädchen das alles hatte mit sich machen lassen.

in der psychatrischen abteilung hatte man versucht, ihr zu helfen.

mit hallenden fluren und stahlrohrbetten hatte man versucht, ihr selbstvertrauen, liebe zu geben.

Bettina wurde am 27. April 1978 in Köln beigesetzt.

leibgericht

erst
gut auswählen
dann
auf kleiner flamme erhitzen
danach
vorsichtig umrühren
& auf größerer flamme
kurz aufkochen lassen
jetzt
nur noch warmhalten
&
damit ich nicht anbrenne
musst du ab & zu wieder
umrühren

an diesem abend

violettfarbene flecken irgendwo
ungewissheit
zwischen regennasser
scheibe & fahrbahn
violettfarbene phantasien irgendwo
in
meinem
kopf

nachtdunkler flur
ungewissheit
& fast
treppenstufen hinunterfallen
mit dem kopf gegen eine
halboffene tür

violettfarbene nachtdunkle
ungewissheit
warum bin ich nur wieder einmal
so von dir gegangen ?

wasserspiel
(traumreste)

als strahl steigst du empor
zerfließt zu unzähligen
tröpfchen
ichs
& in jedem ich leuchtest du
bestrahlt

geben
dich geben
dich gebend kehrst du zurück
aus dem himmel

deine wiederkehrende einheit
umfasst die welt
zieht sie in dich hinein
strudelgleich auch mich

unermesslich dein geben
in deinem strudel
-die welt-ich tiefer-
immer weiter-

- 2 -

eifersüchtig auf die welt
- ich liebe dich -
süchtig
vergehe ich
in dir
als strahl steigen wir empor
zerfließen zu unzähligen
tröpfchen
ichs
& in jedem ich leuchten wir

geben
uns geben
uns gebend kehren wir zurück

abends, 21 uhr, wie so oft: alleine

die drei brennenden dochte der kerze
beleuchten
ihren see aus flüssigem wachs
ihren nahezu herzförmigen see

ein docht beugt sich weit zur seite
und ich verspüre plötzlich lust ihn
mit den fingern aufzurichten

samstag abend / sonntag morgen

vom kino zur kneipe
von der kneipe zur diskothek
von der diskothek nach hause
zu hause ins bett

von einsamkeit zu einsamkeit

jeden abend

jeden abend
wenn sich beide zeiger der uhr der zwölf
bedenklich nähern
& dann
über sie hinweg & hinausschießen
hinein in die von einsamen straßenlaternen
beleuchtete nacht

versuche ich mein schlechtes gewissen
- ich sollte eigentlich schon im bett liegen -
zu vertreiben
ich habe doch ein recht auf
einsame nächte ?

altstadtfest

besoffen, vielleicht auch nur leicht angetrunken. sie lehnte am
laternenpfahl und weinte.

es regnet noch nicht.
einfach nur von den tausenden schieben lassen.
einfach ziellos treiben lassen, selber treiben.
papierschlangen, eben noch aufgerollt, schießen luftgefüllt in
gesichter.
ausdruckslose, ausgelassene, neugierige, fröhliche, gerötete
gesichter.
unter den füßen zersplitternde bierbecher.
ab und zu glasige augen.
umlagerte bierbuden
    pizzastände
    gyrosstände
    weinstände.
umlagerte lkw-anhänger. darauf
    rock
    politrock
    jazz
    liedermacher.
heiße maiskolben mit butter.
die city blüht auf, pulsiert, fiebert,
    LEBT
alternativer wein (ungespritzt).
umweltschutzbriefpapier.
disco-hits dröhnen über die köpfe.
ein paar worte zu bekannten.

vielleicht auch was zusammen trinken.
„was machst du denn so?"
den gruppen zuhören.
BORN TO BE WILD
auf den titel schon gewartet.
- mitsingen.
BORN TO BE WILD

dem strom entronnen -
luftholen -
in ruhe ein bier und eine zigarette -
in einer seitenstraße an eine hauswand gelehnt -

sie tauchte aus dem menschenstrom auf. einem menschen-
strom, der notfalls auch zum zertreten bereit wäre.

der ein-kubikmeter-müllcontainer läuft bereits über. wortlos
verweigert er die aufnahme. zu seinen füßen wächst der berg be-
nutzter einwegteller, einwegbecher. schnaps- und bierbecher.
und immer weiter wird mit randvoll gefüllten bechern gegen
das gedränge angekämpft.

zwischen müllcontainer und hauswand war ein wenig platz,
gab es raum zum atmen.
sie war aus dem erstickenden strom aufgetaucht und suchte
schutz, lehnte an dem laternenpfahl, der halt gab. und hinter ihr
kam ein mann. er war etwa in ihrem alter, machte nicht den bes-
ten eindruck. die feucht-fröhliche nacht hatte wohl auch ihn nicht
verschont. er näherte sich der weinenden frau und berührte sie.

eine gruppe fängt jetzt auf dem nahen podium zu spielen an.
die musik überflutet die straße, die menschen, übertönt nahezu je-
des wort.

seine hände umfassten ihre schultern, berührten die weinende frau. schüttelten sie mit unruhigem zucken. die schluchzende frau wand sich, versuchte vergeblich, dem festen griff zu entkommen. vor dem mann zu flüchten.

verzweifelt klammerte sie sich an den laternenpfahl.

die zwei jungen männer (woher kamen sie?) lösten ihn mit sanfter gewalt von der frau.

einer von ihnen legte seinen arm um den mann, redete ruhig mit ihm.

der andere mann umfasste die frau. sie lehnte sich an ihn, ihr weinen verstärkte sich. sie nickte auf eine frage, blickte auf die anderen beiden, die einige meter entfernt standen.

nieselregen setzt ein. die frau und der mann, arm in arm, tauchen wieder in die alkohol-freudige menge ein.

dort, wo die vier eben noch standen, miteinander redeten, ist jetzt wieder ein kleines stückchen leere, zufluchttsort.

zeit 4.5.81

gelegentlich
erzählen meine eltern bedauernd,
wie ihnen die zeit durch die finger rann
- ich kann das kaum nachvollziehen,
mein leben liegt noch vor mir -

der sekundenzeiger dreht gemächlich seine runden
ohne eile - ohne hast
er hat zeit - er ist zeit
mein kopf ist voll von
erinnerungen
also doch !!!

nur für mich dreht der zeiger seine runden

er hat geduld mit mir
er ist meine zeit

mein kopf ist voll von erinnerungen
auf meinen schallplatten in meinen büchern auf briefen
stehen vergilbte daten
tagebücher füllen sich die zahl der gedichte wird größer
- ich kann das kaum nachvollziehen,
mein leben liegt nach vor mir ??? -

der sekundenzeiger hat zeit
er ist zeit

<u>sessel</u>

„typisch, das bist mal wieder typisch du gewesen."
leise die gedanken an das, was gewesen sein könnte, verdrän-
gend, hocktest du dich in den sessel, eingekuschelt in arme aus
holz."
ich kenne mich - oder auch nicht -

cool, nicht ganz klein, nicht geduckt, ganz stark, meine körper-
größe aufrecht zur schau stellen, meinen kopf unbeugsam in die
welt ragen lassen.

ich möchte dich streicheln, dich spüren -
aber du willst nicht, hast du mit zu verstehen gegeben -
einmal groß, einmal klein -
du , eingekuschelt in arme aus holz.
ich, eingekuschelt in arme aus holz:
TRÄUMEN
- jeder für sich -

im kino, neben ihr.
ich spüre dem film nach, schließe die augen, spüre unseren armen
nach, die sich auf der lehne berührten.

eingekuschelt in arme aus holz: TRÄUMEN
von dem gefühl, sich zu berühren, diesen körper zu spüren -
manchmal beneide ich sessel, in die sich körper schmiegen, be-
neide ich kissen, die geheimnisse teilen, beneide ich tagebücher.

eingekuschelt in arme aus holz: TRÄUMEN

bestandsaufnahme

immer   noch
           ich
ein   paar
           sehnsüchtige
           gedichte mehr
und   die gewissheit
           wieder einmal

           der clown gewesen zu sein